MISSIONS DU Dr CREVAUX DANS L'AMÉRIQUE ÉQUATORIALE 1876-1881.

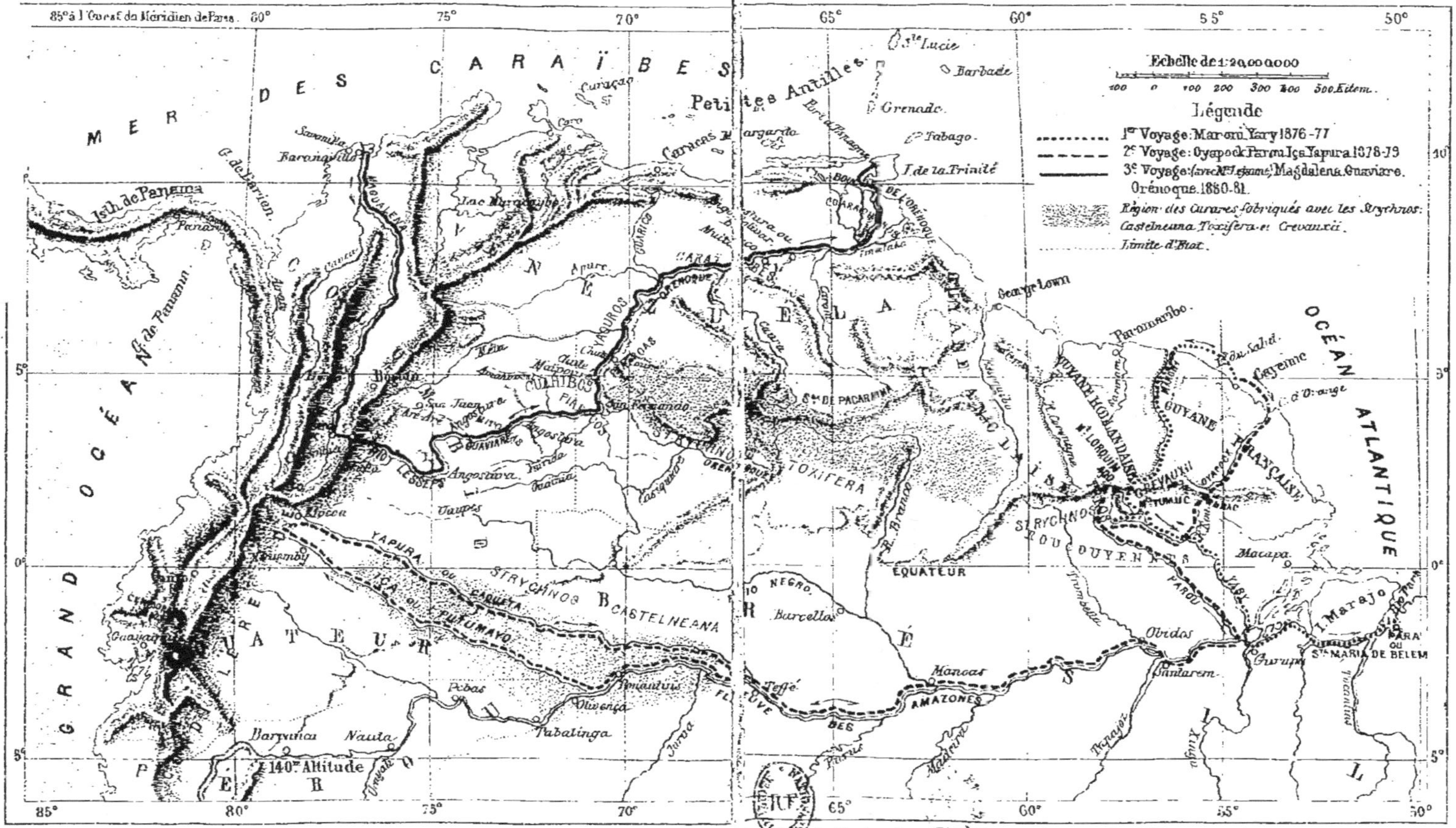

85° à l'Ouest du Méridien de Paris.

Échelle de 1:20,000,000
100 0 100 200 300 400 500 Kilom.

Légende

1er Voyage: Maroni Yary 1876-77
2e Voyage: Oyapock Parou Içe Yapura 1878-79
3e Voyage: (avec M. Lejanne) Magdalena, Guaviare, Orénoque 1880-81
Région des Curares fabriqués avec les Strychnos: Castelneana, Toxifera et Crevauxii.
Limite d'État.

MER DES CARAÏBES — Petites Antilles — GRAND OCÉAN — OCÉAN ATLANTIQUE — Isth. de Panama — G. de Darien — EQUATEUR

St. Lucie — Barbade — Grenade — Tabago — I. de la Trinité — Curaçao — Margarita — Georgetown — Paramaribo — Cayenne — Macapa — I. Marajo — PARA ou Ste MARIE DE BELEM

GUYANE HOLLANDAISE — GUYANE FRANÇAISE — STRYCHNOS TOU DUYEN — VENEZUELA — RÉPUBLIQUE DE L'ÉQUATEUR — PÉROU — STRYCHNOS B. CASTELNEANA — OXITERA TOXIFERA

Orénoque — Apure — Guarico — Caura — R. Negro — Branco — FLEUVE AMAZONES — Yapura ou Caqueta — Içà ou Putumayo — Xingu — Tapajoz — Madeira — Purus — Juruà — Jutahy

Barcella — Teffé — Manoas — Obidos — Santarem — Gurupa — Tabatinga — Olivença — Pebas — Nauta — Barrancas — 140m Altitude

Dressé d'après la Carte publiée par la Société de Géographie de Paris et complétée par J. V. BARBIER.   Anto A Barbier Nancy

VOYAGE

DANS

L'AMÉRIQUE DU SUD

(1880-1881)

RÉCIT

Fait par M. le docteur J. CREVAUX

MÉDECIN DE PREMIÈRE CLASSE DE LA MARINE

·MEMBRE HONORAIRE DE LA SOCIÉTÉ

Dans la séance solennelle du 27 mai 1881.

Mes chers compatriotes,

Il y a vingt mois, la Société de géographie de l'Est me faisait l'honneur de me recevoir dans cette même salle pour entendre le récit de mon deuxième voyage dans l'Amérique équatoriale. L'accueil sympathique que vous m'avez fait m'a encouragé à poursuivre mes pérégrinations dans l'inconnu. Je viens de faire un troisième voyage que je vais vous raconter.

Avant tout je remercie la Société de géographie de l'Est, la presse et le public nancéiens de l'intérêt qu'ils portent à mes travaux.

Merci en particulier à M. Debidour, l'éloquent président, à M. Barbier, le plus zélé, le plus dévoué des secrétaires généraux, à M. Lucien Adam qui m'a secondé dans mes études de linguistique, et à mon ami Ch. Millot, ancien condisciple du lycée de Nancy, ancien camarade de navigation que je retrouve parmi les membres les plus actifs de votre Société.

Merci enfin à notre compatriote Henri Liouville qui m'a secondé non-seulement comme membre du comité des missions scientifiques, mais encore comme député au Parlement.

Notre départ de Saint-Nazaire eut lieu le 6 août 1880. J'étais accompagné de M. Le Janne, pharmacien de 2ᵉ classe de la marine, du fidèle Apatou et d'un matelot de Nantes, nommé François Burban, qui ne craignit pas de s'enrôler pour un voyage aventureux, quatre mois après son mariage.

Nous apprîmes aux Antilles que ces îles étaient dévastées par la fièvre jaune, et que trois de nos collègues de la marine, MM. Beaufils, Dubois et Pocard-Kerviler, médecins de 1ʳᵉ classe, venaient de succomber. Nous craignîmes un moment d'être réquisitionnés pour le service des hôpitaux. Je ne redoutais pas la fièvre pour moi-même (car je l'ai déjà eue), mais j'avais peur qu'elle n'atteignît Le Janne ou Burban ; l'effectif de notre expédition étant déjà très-restreint, la perte d'un seul homme pouvait entraver notre mission.

Nous arrivâmes à Savanilla, à l'embouchure du Magdalena, le 26 août. Nous allâmes de Savanilla à Barranquilla, distante de quelques milles, en chemin de fer, et nous embarquâmes, le 29, à bord du *Jose-Maria-Pino*, qui est affecté à la navigation du bas Magdalena. Bien que ce fleuve soit un des premiers de l'Amérique où l'on ait navigué à la vapeur, c'est celui où cette navigation est le moins avancée. Le navire s'échoue en route et les voyageurs sont exposés à séjourner sur un banc de sable, au milieu d'un pays désert, jusqu'à la prochaine crue. Heureusement, nous voyons passer un petit bateau à vapeur et nous y embarquons ; mais on nous demande le prix entier du voyage à partir de la mer. Pressés d'arriver, nous payons ; il y avait du danger à séjourner sous un climat torride et malsain ; il fallait réserver toutes ses forces pour le moment du combat. Je n'ai pas relevé le tracé du fleuve depuis la mer jusqu'à Honda, parce que cette partie est suffisamment étudiée. Nous nous sommes contentés de prendre des notes sur la manière de naviguer, sur. les usages des habitants, sur leurs occupations, leurs maladies. Nous avons profité des arrêts pour faire des vues des rives de ce beau fleuve. Le Magdalena coule entre la Cordillère orientale et la Cordillère centrale des Andes. Ces montagnes aux masses imposantes, aux sommets perdus dans les nues, dont le pied est torride et la cime couverte de neige, donnent au Magdalena un aspect pittoresque sans égal. Ce petit fleuve est plus majestueux que l'immense Amazone, où l'œil n'aperçoit jamais qu'une ligne droite, la rive basse et marécageuse qui court des milliers de lieues sans jamais changer.

Les rives du Magdalena sont très-propres à l'agriculture, parce qu'elles sont formées d'alluvions ; malheureusement le climat est malsain. Les indigènes, qui sont tous des croisés de blancs, d'Indiens et de noirs, jouissent d'une constitution déplorable. Ils ont la fièvre, comme dans l'Amazone, et ils sont sujets, en outre, au goître et à d'affreuses maladies de peau. La plupart des habitants ont le visage et tout le corps tachetés de noir et de blanc, ce qui les fait ressembler à des panthères ou plutôt à des chevaux pies. Cette affection est connue dans le pays sous le nom de *caraté* ; elle consiste simplement en une destruction du pigment, c'est-à-dire de la matière colorante, en certains points, avec accumulation à la périphérie des taches. Cette affection, qui ressemble au *vitiligo*, n'épargne pas les Européens ; nous avons rencontré un Parisien qui, ayant fait fortune dans le Magdalena, n'osait plus retourner dans son pays natal à cause des taches indélébiles qu'il portait sur sa figure ; les cheveux, les sourcils, la barbe présentaient des flots blancs de teintes aussi variées que l'habit d'Arlequin.

Nous profitons de nos échanges pour aller visiter de petites îles alluvionnaires où l'on cultive un peu de riz et beaucoup de bananes. Ces fruits jouent un grand rôle dans la nourriture des Colombiens. Ils les coupent par tranches et les font bouillir comme des pommes de terre avec la viande de bœuf ou le gibier. Ce plat, que l'on mange tous les jours, s'appelle *sancocho*. Dans cette préparation culinaire, l'on remplace quelquefois les bananes par la *Yuca dulce* (cramanioc de la Guyane), qui est une variété de manioc dont le suc n'est pas toxique. La *Yuca brava*, ou vrai manioc, qui donne le pain aux Indiens de toute l'Amérique du Sud, est très-peu cultivée. Les Colombiens lui préfèrent le maïs, parce que la culture de cette plante demande encore moins de travail que celle du manioc.

Il suffit, en effet, d'abattre quelques gros arbres dans la montagne, de les laisser sécher et d'y mettre le feu à la fin de l'été ; on fait alors les semailles : cinq ou six grains sont jetés dans chacun des trous que l'on creuse avec un bâton, en lignes, à une distance de 1 mètre l'un de l'autre. Quatre mois après, la plante a porté son fruit. Elle est employée à faire des galettes appelées *arepa*. On en consomme également une grande partie pour faire une liqueur fermentée appelée *chicha*, où l'on trouve à boire et à manger, comme dans le *cachiri* des Indiens de la Guyane.

Cette liqueur, bien que peu appétissante, est beaucoup plus hygiénique que le mauvais alcool que les indigènes distillent avec la canne à sucre. Les alambics du pays sont tout ce qu'il y a de plus primitif ; ce sont des pots en terre superposés d'où l'alcool sort par un tuyau en bambou. Le produit de la distillation est si désagréable à boire qu'on est obligé de masquer l'odeur empyreumatique en y ajoutant force quantité d'anis.

La préparation est si mauvaise que les gens civilisés achètent 12 fr. une bouteille d'eau-de-vie de betterave qualifiée du titre de cognac, quand l'anisado ne vaut que 1 fr. 25 c. le litre. Un distillateur habile, qui viendrait s'établir dans ce pays pour y fabriquer du rhum, ne manquerait pas d'y faire fortune.

Les contre-forts des Andes qui longent les rives du Magdalena se déboisent tous les jours. Presque tous les soirs nous voyions des illuminations qui sont plus féeriques que tout ce que nous faisons dans les grandes capitales du monde civilisé. Les crêtes des monts enflammés se dessinent dans le lointain comme des guirlandes qui viennent jeter une lueur vive jusqu'au milieu de la rivière ; des flammèches viennent parfois tomber jusqu'à bord du navire.

Cette destruction des forêts n'est pas sans avoir un but utile : à leur place on va semer, un peu avant la saison des pluies, une herbe appelée *pasto guineo* qui sert à nourrir le bétail. Cette graminée, qui a été introduite dans le pays par le plus grand des hasards, n'est cultivée que depuis quelques années. On raconte qu'un négociant des Antilles ayant reçu des produits venant de la côte d'Afrique, vit pousser, dans sa cour, une herbe qui, en quelques mois, atteignit une hauteur de près de 2 mètres. Ayant remarqué que ses chevaux en étaient très-friands, il recueillit quelques graines et les sema dans son jardin. Les semences, passées de main en main, ne tardèrent pas à remplacer les immenses forêts vierges qui recouvrent toutes les rives du Magdalena. Le hasard a voulu que l'acclimatation de cette plante s'effectuât juste au moment des grands travaux du percement de Panama. Grâce au *pasto guineo*, des milliers de travailleurs trouveront la viande indispensable à leur alimentation, car les prairies montagneuses du Magdalena fourniront des bœufs excellents, que les vapeurs amèneront en masse aux fournisseurs. Je déclare par expérience que la viande du Magdalena est bien supérieure à celle de l'Amazone, de toute la côte du Brésil et des pampas de la République argentine.

La semence du *pasto guineo* peut s'acheter dans le pays à raison de 22 fr. l'hectolitre. Pourquoi donc n'en ferait-on pas venir pour ensemencer les collines improductives de la Guyane et de plusieurs de nos colonies, où la viande est excessivement chère et toujours détestable, parce que les animaux sont transportés de régions éloignées ? Ces prairies artificielles ne demandent aucun autre soin que d'être brûlées de temps à autre.

Un peu en aval de la petite ville de Honda, la rivière rétrécie forme un rapide dont notre vapeur ne peut franchir que la moitié, et encore avec beaucoup de peine, parce que sa vitesse ne dépasse pas six milles, ce qui est à peu près celle du courant. Le capitaine du navire qui nous porte est excessivement prudent ; c'est qu'en franchissant ce passage, il a eu des accidents qu'il ne saurait oublier. Là, sur la rive, il nous montre des débris de chaudière qui ont été projetés d'un navire qu'il commandait. Cet accident lui étant arrivé deux fois, il a une telle peur d'augmenter la pression de la machine que, parfois, nous n'avançons pas de 10 mètres en cinq minutes.

Les vapeurs sont obligés de faire escale à une lieue en aval de la petite ville de Honda, parce que, à partir de ce point, le rapide est trop puissant pour permettre la navigation. A ce port débarquent toutes les marchandises qui sont dirigées sur Bogota ou sur Honda, à dos de mules. On atteint la capitale de la Colombie en trois jours de marche ; ce chemin est très-accidenté, puisqu'on passe d'une hauteur de 400 à 1,800 mètres au-dessus du niveau de la mer. Le transport est si onéreux que les Colombiens songent à le remplacer par une voie ferrée qui aboutirait en aval du rapide. Ils proposent même dans ce moment d'échanger la moitié du chemin de fer de Panama qui leur appartient, contre l'exécution de ce chemin de fer.

Je rencontre à Honda le docteur Nuñez, président des États-Unis de Colombie, qui vient s'embarquer pour Panama ; je lui remets une lettre de recommandation de M. le comte Ferdinand de Lesseps. Il m'accueille très-bien et me donne un pli ouvert me recommandant à tous les gens du pays, fonctionnaires ou simples particuliers.

Cette rencontre nous évite un voyage à Bogota, qui nous aurait beaucoup intéressé personnellement, mais qui n'avait aucune utilité pour la mission. Pour réussir dans un voyage d'exploration, il faut entraîner ses hommes sans relâche. Autrement, ils s'amollissent, se querellent, tantôt entre eux, tantôt avec les gens du pays, et le succès de l'expédition ne tarde pas à se compromettre. D'ailleurs, nous devons atteindre, le plus rapidement possible, le versant oriental des Andes, puisque c'est là seulement que commence le véritable voyage.

C'est à Honda que je commence à faire connaissance avec les montagnes des Andes. Près de cette ville se trouve un de ces petits contre-forts, la *Mesa del Palacio*, qui mesure 633 mètres au-dessus du niveau de la mer, et 417 au-dessus du Magdalena. Des Anglais, fort aimables, nous convient à faire son ascension avec des mules. Cette partie de plaisir était pour moi un véritable supplice, car, étant sujet au vertige, je craignais à chaque instant de perdre la tête en longeant des corniches étroites où un faux pas de ma monture m'aurait précipité dans l'espace. N'ayant pas eu le moindre accident, je m'enhardis un peu, et, le lendemain, je provoquai moi-même une excursion à une montagne plus élevée. Trois jours de ce manége finirent par m'aguerrir, et je n'eus plus aucune crainte pour faire la traversée des Andes.

Mon premier projet en partant de France était d'explorer le Uaupès, affluent de l'Orénoque. Sachant que cette rivière est voisine du Yapura que j'avais exploré au voyage précédent, je résolus de remonter le Magdalena le plus loin possible, de pousser une pointe jusqu'au Yapura et, de là, en me dirigeant vers le Nord, de chercher les sources du Uaupès.

C'était la manière de procéder qui m'avait réussi pour trouver le Yapura en partant de l'Iça. Je préjugeais *à priori* que le voyage par terre du Yapura aux sources du Uaupès ne serait pas long, puisque je n'avais mis que six heures de marche pour passer de l'Iça dans le Yapura. C'est que dans l'Amérique équatoriale, sans doute à cause des immenses forêts qui la recouvrent, les pluies sont plus abondantes que dans toutes les parties du globe ; les rivières coulent presque à se toucher.

A partir du rapide de Honda, le fleuve est qualifié de Haut-Magdalena. Cette portion se remonte rarement en embarcation ; on préfère huit jours de trajet, à dos de mules, à plus d'un mois de canotage.

Mais une circonstance heureuse se présente : on vient de faire passer un petit vapeur en amont du rapide pour essayer la navigation jusqu'à Neiva.

Apprenant que cette portion du fleuve est peu connue, je crois utile d'en faire un tracé détaillé. Nous mettons quinze jours à effectuer un trajet de 115 lieues. La vitesse du navire ne dépassant pas 5 à 6 milles, nous ne saurions marcher avec les crues, et, quand l'eau a baissé, nous échouons à chaque pas. Pour franchir certains passages, on est obligé de subvenir à l'impuissance de la machine en envoyant des câbles à terre, et nous n'avançons qu'en virant au cabestan.

Le cours du Haut-Magdalena présente deux particularités qui gênent la navigation. Tantôt il est très-large, et, dans ce cas, il n'a pas plus de 1 mètre de profondeur ; tantôt il se rétrécit en traversant des monticules de grès taillés à pic ; l'eau, alors, est profonde, mais le cours est si rapide qu'il faudrait une vitesse de 8 nœuds pour surmonter le courant.

Nous profitons des arrêts pour étudier le pays. Entre autres curiosités, nous recueillons des dessins exécutés par les anciens indigènes sur des rochers de grès. Je suis frappé de la similitude de ces ébauches enfantines représentant la lune, le soleil et des hommes aux jambes écartées comme des grenouilles, avec les pierres gravées que j'ai trouvées dans mes précédents voyages. S'il faut en juger d'après ce seul fait, les anciens habitants du Magdalena étaient des parents des vieux Indiens de la Guyane. Il n'y a plus guère d'Indiens sur les bords du Magdalena ; et les rares spécimens que nous avons rencontrés nous ont paru absolument semblables aux indigènes actuels de la Guyane. Si nous n'avons pu retrouver des analogies de langage entre les deux pays, parce que tous les anciens habitants ont complétement perdu leur langue, au moins avons-nous trouvé, dans leur patois espagnol, des mots (par exemple *achi,* qui signifie piment) que nous avions entendu prononcer, non-seulement en Guyane, mais dans le Haut-Yapura, et qui étaient même usités chez les indigènes des Antilles, les Caraïbes, au moment de la conquête.

Notre navigation si lente serait très-ennuyeuse si nous n'étions pas occupés. Le Janne écrit ses impressions, fait des croquis, des observations météorologiques ; François organise les bagages pour le transport par terre et fabrique des moustiquaires ; Apatou, qui est habitué à mes travaux géographiques, reste toute la journée sur le pont à côté de moi. Son concours me permet de prendre mes repas sans compromettre le tracé à la boussole. Pendant que je vais manger le sancocho classique des Colombiens, Apatou regarde un arbre que je lui ai indiqué comme point de repère et sur lequel j'ai pris un angle. Dès que nous arrivons à sa hauteur, il me prévient ; je reviens prendre un autre angle et j'achève à la hâte le frugal repas.

Le tracé à la boussole du Magdalena peut se faire avec une précision presque mathématique. Nous ne sommes pas ici dans les mêmes conditions que dans l'Amazone et ses affluents : on a des montagnes reconnaissables à une grande distance, qui servent de point de mire et qui permettent de rectifier les détails du tracé. Le pic de Pacandé, par exemple, se reconnaît parfaitement dans les deux tiers du trajet de Honda à Neiva.

Apatou me donne également des renseignements, qui ne manquent pas d'intérêt, sur la faune et la flore des rives. Cet homme, qui a passé toute sa vie dans les bois, me fait remarquer que tel singe, qui caquette sur un arbre de la rive et qui fuit à notre approche, vit ou non en Guyane ou dans les autres pays que nous avons parcourus. Ce gros arbre sans feuilles, qui surpasse tous les autres, est le Coumaca des Roucouyennes et des Carijonas. Ces deux tribus qui désignent le même arbre par le même nom, bien qu'habitant à une distance de plus de mille lieues, se servent d'un coton très-léger qui entoure ses graines, en guise de bourre, pour lancer leurs petites flèches empoisonnées avec le curare. Les Espagnols l'appellent *ccibo* et les créoles de la Guyane fromager. Apatou, doué d'une vue très-perçante, me fait remarquer une infinité de détails qui nous échapperaient.

L'animal qui occupe le plus le voyageur dans tout le parcours du Magdalena, c'est le caïman. Il n'est pas une plage de sable qui ne soit gardée par une douzaine de ces affreuses bêtes. Quelques passagers, ayant du plomb à perdre, leur envoient des projectiles qui glissent sur leur peau comme sur la cuirasse d'un vaisseau.

Le vapeur s'étant échoué près d'un petit village appelé Las Piedras, à cause de pierres gravées qui s'y trouvent, le capitaine désespère un moment d'atteindre Neiva, parce que les eaux commencent à baisser. Ne voulant, à aucun prix, abandonner le tracé de la rivière jusqu'à cette ville, je laisse mes compagnons à bord, atteins Neiva en deux jours de marche à cheval et descends le fleuve avec un canot. Les 20 kilomètres en aval de cette ville présentent quelques dangers pour la navigation. La rivière, traversant des masses de grès, offre des rétrécissements qui sont difficiles à remonter et périlleux à descendre. La rivière, formant dans ces parages des coudes à courbures trop faibles, le navire, entraîné par la violence du courant, pourrait se briser contre les rives. Cet inconvénient est moins dangereux cependant qu'on ne croirait ; les rochers qui forment les rétrécissements ne sont pas bien élevés et leur texture est très-friable. Un ingénieur américain est déjà à l'œuvre pour faire voler ces obstacles, et nous ne doutons pas que, dans quelques années, on ne navigue librement dans le Haut-Magdalena. La solution du problème consiste en ceci : avoir des navires calant moins de 1 mètre avec une vitesse d'au moins 8 nœuds.

Il est inutile de dire que le chauffage des navires se fait au bois. Ce qui nous a surpris, c'est que dans ce pays, qui est à peine civilisé, on commence déjà à manquer de combustible. N'est-il pas étrange, sur le Magdalena, de payer le bois presque aussi cher qu'à Paris ? Si le gouvernement colombien ne met pas quelques entraves au déboisement, la vallée du Haut-Magdalena ne sera bientôt plus qu'un désert comme le Sahara. Le principal objet de transport du Haut-Magdalena est le quinquina provenant de la Cordillère orientale. Il est transporté à dos de mules jusqu'à Neiva et, de là, il descend jusqu'à Honda sur des *balsas* ou radeaux construits en un bois très-léger qui se trouve près des rives. Ce mode de navigation présente des inconvénients très-graves. Les ballots sont souvent mouillés et le produit est perdu. Nous voyons, sur le parcours, des plantations d'un cacao qui est exquis ; il est de beaucoup le meilleur que nous ayons rencontré dans nos voyages. Cette culture ne prend pas beaucoup d'extension par suite de la difficulté des transports jusqu'à la mer. Nous ne doutons pas que la qualité du café ne soit excellente, mais, fait étrange, l'infusion qu'on nous sert n'est jamais qu'un breuvage absolument détestable. Les habitants du Magdalena ne savent pas faire le café.

Je trouve le vapeur mouillé devant le petit village d'Aipé. Le Janne, ayant fait le tracé de Las Piedras à ce point, nous n'avons plus qu'à nous en retourner, les hommes à cheval, les bagages dans le canot qui m'avait amené.

Nous devons rester quelques jours à Neiva pour prendre des renseignements.

Je suis bien embarrassé sur l'itinéraire à prendre. Ne voulant pas faire de contre-marches inutiles avec mes bagages, je m'entretiens longuement avec les habitants du pays pour recueillir quelques indications géographiques. Enfin, le gouverneur de la province ayant causé avec des *quineros,* c'est-à-dire des gens qui parcourent la crête des Andes orientales à la recherche du quinquina, dit qu'à une petite distance de Neiva, on voit couler, sur l'autre versant, deux ou trois rivières qui se dirigent au N.-E. autant qu'on peut en juger en regardant du haut des montagnes. Ce doit être les sources d'un affluent de l'Orénoque, plutôt que d'un tributaire de l'Amazone qui devrait se diriger au S.-E. On croit généralement que ce sont les sources d'une rivière appelée Guayabero, qui est ainsi nommée parce qu'on y trouverait beaucoup de goyaves ; un de ces quineros a fait, il y a quelques années, une petite excursion dans cette rivière. Il allait, dit-il, choisir un endroit favorable pour planter le manioc. N'ayant pas avec lui d'hommes sachant construire un canot, il fit un petit radeau, sur lequel il s'embarqua avec deux hommes. Après quelques heures d'une marche très-rapide, se voyant entraîné par le courant, il sauta à terre avec un des hommes ; l'autre n'ayant pu arrêter le radeau en s'accrochant à des branches, fut entraîné avec une vitesse prodigieuse. Ses compagnons se mirent à sa recherche, mais ils trouvèrent bientôt, dit-il, une piste, qu'ils prirent pour celle d'un Indien, et n'ayant pas d'armes pour affronter cet ennemi inconnu, ils rebroussèrent chemin en toute hâte et regagnèrent la Cordillère.

Le gouverneur et tous les gens du pays, qui nous ont fait un accueil des plus sympathiques, nous engagent vivement à prendre cette voie, car le Guayabero est, après le Yapura, que nous avons déjà exploré, la rivière la plus importante qui découle du versant oriental des Andes. Elle a, comme lui, l'avantage d'être absolument inconnue. La carte que le grand ingénieur Cadazzi a faite de cette rivière ne saurait être exacte, puisque les personnes qui ont accompagné ce voyageur dans ses pérégrinations en Colombie m'assurent absolument que, dans cette région, il n'a pas dépassé la crête des Andes. Son tracé, qui devrait être indiqué en pointillé sur la carte, ne peut avoir aucune valeur géographique.

Nous louons des mules pour nous porter ainsi que tous les bagages et nous nous mettons en marche pour traverser les Andes. Je ne m'étendrai pas sur les péripéties d'un voyage dans les montagnes. Je dirai seulement que mes compagnons, obligés de rester à cheval dix heures par jour, pendant deux semaines, ont dû déployer une force de volonté, une énergie à toute épreuve. Aucun d'eux n'ayant l'habitude de l'équitation, le départ de Neiva n'eut rien de triomphal. Nous faisions pitié aux gens du pays, qui disaient hautement que nous n'irions pas loin en pareil équipage.

Le quatrième jour de marche, nous arrivons au petit village de Colombia, qui sert de dépôt au quinquina recueilli dans cette région. Le Janne va faire une excursion à la Puerta-del-Cielo (c'est-à-dire porte du Paradis), où un de nos compatriotes, évadé de la Commune et vivant en ermite, cultive le quinquina à 2,000 mètres de hauteur. Moi, je m'entretiens avec un monsieur fort aimable, le général Lucio Restrepo, qui est à la tête d'une compagnie de quinquina. Il est enchanté lorsque je lui apprends que je viens ici avec l'intention de descendre le Guayabero. « Moi aussi, dit-il, je voulais pousser une reconnaissance dans cette rivière, pour chercher un débouché au quinquina du versant oriental de la Cordillère. Le transport de nos produits d'ici au Magdalena doit se faire en grande partie à dos d'hommes, ce qui double presque le prix de nos écorces. Il y a longtemps que j'ai cette entreprise en tête ; c'est même dans ce but que j'avais fait des sentiers dans la forêt. Je serais parti il y a dix ans, si la compagnie avait voulu autoriser l'expédition. »

Grâce à cette excellente nouvelle, nous obtenons bien vite des mules et des guides, pour continuer la traversée des Andes. Le 14 octobre, nous franchissions la crête de la Cordillère orientale à une hauteur de 1,970 mètres ; je n'ai rien vu de plus imposant que l'immense horizon qui se déroule devant nous. Quel spectacle plus agréable pour l'œil que cette immense mer de verdure qui se déroule à nos pieds ! Je serais enchanté si bien loin, dans la direction de l'Est, je n'apercevais un point noir à l'horizon ; ce sont de hautes collines en plateau absolument semblables à celles que forment les grandes chutes du Parou et du Yapura. Ce sont des grès dirigés perpendiculairement au cours de la rivière et qu'il faudra nécessairement franchir. A quelques heures plus loin, on rencontre des filets d'eau qui sortent du flanc de la montagne; nous n'avons plus qu'à suivre leur cours pour atteindre un port d'embarquement.

Les ruisseaux grandissent à vue d'œil. Un affluent appelé Paponemé est déjà si important qu'on risquerait de s'y noyer si on n'avait des guides qui connaissent les passages. Nous ne sommes pas loin d'arriver au but, mais voici que le sentier des quineros est envahi par la broussaille ; nous sommes obligés de rétrograder avec les mules et d'attendre qu'un abatis ait rendu la voie praticable.

Le 21 octobre, nous apercevons, à travers une clairière, une fumée blanche qui se dirige de l'ouest à l'est. Ce sont, me dit un guide, des brouillards qui s'élèvent sur le cours du Guayabero. La rivière est presque inaccessible ; nous en sommes tout près, pourtant il nous faut des heures entières pour arriver à son lit. Enfin, nous nous plongeons dans ses eaux vierges, aussi contents que si nous avions découvert le Nouveau-Monde.

Pendant qu'on décharge les bagages et qu'on s'installe en campement, je vais en reconnaissance, avec Apatou, à la recherche d'un arbre qui puisse servir à la fabrication d'un canot. Heureusement que mon fidèle compagnon Apatou est connaisseur en pareille matière ; c'est la troisième fois que nous allons naviguer sur des navires de notre fabrication. Le lendemain matin, la forêt retentit des coups de sa hache ; l'arbre est bientôt par terre ; on l'élague ; on le creuse, on le brûle pour le faire ouvrir, et le troisième jour au soir, on le descend à la plage. Pendant ce temps, nos guides travaillent à la confection d'un radeau ; Le Janne tue des canards et des biches pour subvenir à l'alimentation ; François arrange les bagages et fait la cuisine. Un jour que je venais de visiter Apatou à son chantier, je trouve François qui vient au-devant de moi en courant ; il parle, gesticule avec la vivacité et l'émotion d'un homme ivre. Qu'est-il donc arrivé ? « C'est un tigre, dit-il, qui est venu rôder autour de la hutte » ; il est resté là un moment, pendant que François effaré cherchait les cartouches, et puis s'en est allé à l'aboiement d'un roquet que nous avions acheté dans les Andes.

Dans l'après-midi, j'étais occupé à faire de la photographie, quand j'aperçois François avec son fusil ; il est encore plus ému que le matin. S'étant engagé dans la broussaille, à la recherche d'une biche, il s'est trouvé en présence de deux jaguars qui le firent battre en retraite : il prétexta qu'il n'avait que deux cartouches.

Le 25 novembre, à midi, les bagages sont chargés sur le radeau. Nous arrivons au moment solennel du voyage ; nos cœurs palpitent avant de nous lancer sur ces eaux qui vont nous entraîner à travers le continent américain. C'est le moment de vider une bouteille de champagne que nous avons transportée jusque dans ces régions lointaines. Nous nous proposons de boire à la santé du patron de notre voyage, M. de Lesseps. « Don Fernando », comme on l'appelle là-bas, est connu dans les chaumières les plus reculées ; son nom, qui est vénéré à l'égal de celui du grand citoyen Bolivar, le libérateur des colonies espagnoles, nous fait ouvrir toutes les portes de la Colombie. Si nous avons le bonheur de réussir dans notre exploration, nous dédierons nos découvertes à notre illustre compatriote. Les Colombiens, qui voient l'avenir de leur pays dans le percement de l'isthme de Panama, seront enchantés d'avoir une rivière qui portera le nom de leur bienfaiteur.

Avant la célébration du baptême, je voulus achever un tour d'horizon à la boussole. Distrait par la lecture des divisions de l'instrument, je donnai un coup de pied dans la bouteille et le vin mousseux fit effervescence en arrosant les cailloux du Rio-Lesseps.

Apatou ne veut pas quitter le port sans laisser un souvenir de notre passage. J'écris sur un arbre :

QUATRE FRANÇAIS

25 *octobre* 1880.

Nous montons tous à bord du radeau ; on largue l'amarre, et nous voilà partis pour l'inconnu. Ne pouvant diriger cette embarcation, nous la laissons voguer au fil de l'eau. Nous allons d'abord lentement, mais après une centaine de mètres, la rivière se rétrécit un peu et forme un rapide ;

nous sommes entraînés avec une vitesse vertigineuse, sans pouvoir songer à nous arrêter. La tente qui devait nous abriter contre le soleil torride se heurte contre les branches et se trouve démolie en un instant. Bientôt, quelques bois, arrachés par un choc contre un tronc d'arbre, s'en vont en courant. L'embarcation s'incline fortement de mon côté. Apatou essaye d'arrêter, en jetant une corde sur une branche, mais il manque son coup et nous continuons de plus belle. Il n'y a pas une minute à perdre, car déjà la moitié des bagages est plongée dans l'eau ; le radeau, complétement disloqué, ne peut tarder à se séparer en morceaux. Il faut accoster à tout prix.

Heureusement, la rivière s'élargit ; le courant est encore rapide, mais les eaux sont moins profondes. Apatou saute à l'eau et, déployant toutes ses forces, arrête notre embarcation qui est complétement démolie. Il y a juste vingt minutes que nous avons quitté le port.

La pirogue est en mauvais état, ayant été trop amincie par le feu ; elle se fendille au fond et fait tellement d'eau qu'elle pourrait à peine porter deux hommes.

Les débris sont échoués sur la plage et il faut songer immédiatement à la construction d'un nouveau radeau. Apatou voit sur l'autre rive ces arbres au tronc léger que les Colombiens emploient pour la construction des radeaux ou *balsas* du Magdalena.

Nous nous couchons sur le sable humide. Apatou, qui trouve que les cailloux repoussent à mesure qu'il les enlève, va suspendre son hamac à une branche au-dessus d'un petit ruisseau. Nous commençions à nous endormir, lorsqu'il revient avec son hamac sous le bras. Il a cru devoir déménager en entendant la clapotement de l'eau immédiatement au-dessous de lui. Était-ce une loutre ? était-ce un caïman ou un serpent boa ? L'obscurité était si profonde qu'Apatou n'a fait qu'entrevoir une queue qui agitait l'eau avec force. Le voisinage de cet animal fantastique n'est pas sans nous inquiéter. Néanmoins, nous nous allongeons sur le sable les uns à côté des autres. Mais Le Janne et Apatou, qui occupent les côtés, gardent leur fusil sous la main, prêts à la moindre alerte. La nuit se passe heureusement sans encombre.

Comme d'habitude, nous nous levons au jour ; François allume le feu, prépare le café, et bientôt nous nous mettons au travail.

Le Janne enlève l'écorce des balsas pour les rendre plus légères. Apatou et François les coupent de la longueur voulue, tandis que je fais sécher les bagages sur la plage rocailleuse. Je constate que le naufrage de la veille nous a causé bien des avaries ; l'un des chronomètres a été mouillé et ne va pas tarder à s'arrêter ; Le Janne n'a plus de paletot ; j'ai à regretter l'absence d'une de mes deux chemises de flanelle ; François a perdu un pantalon, et Apatou deux belles paires de souliers qui venaient de Paris ; c'est le moindre de nos malheurs, car il sait se passer de chaussures. Notre chocolat est avarié ; le riz, le maïs et le peu de biscuits que nous avons apportés sont complétement mouillés, mais ce soleil à pic, qui rend brûlants les cailloux, ne tardera pas à sécher tout cela. Le fait principal est que nos cinq cents cartouches sont en bon état : nous avions eu soin de les conserver dans des boîtes en fer-blanc soudées.

Dans la journée, je suis appelé à donner mes soins à ce pauvre Apatou qui, déjà tout meurtri dans cette lutte contre la force de l'eau, le plus terrible des éléments, vient de se donner un coup de sabre d'abatis qui lui a ouvert la jambe jusqu'à l'os. François a la figure tellement bouffie par des piqûres de moustiques qu'il ne saurait entr'ouvrir les paupières.

Mais nous n'avons pas le temps d'être malades : nous voulons sortir au plus vite de ces parages. A deux heures, nous nous mettons en route. Le nouveau radeau, plus large que l'ancien, paraît mieux supporter la navigation ; nous l'avons d'ailleurs allégé, en supprimant la couverture qui était destinée à nous abriter contre l'ardeur du soleil.

Quelques instants après le départ, Apatou, qui était debout à l'avant, est projeté par un choc et tombe à la rivière. Ce serait dangereux pour un nageur moins expérimenté ; mais bientôt, on le voit reparaître à l'arrière du radeau, il s'y accroche et remonte tranquillement.

Bientôt nous sommes obligés de nous arrêter pour attendre Apatou, qui va éclairer la marche avec la pirogue ; cette précaution est nécessaire, car la rivière, entrecoupée de nombreuses îles, forme des rapides et peut-être des chutes, où nous craignons de nous engager à l'improviste.

A un tournant, au moment où nous voyons la rivière paisible, Apatou entrevoit de l'eau qui écume. Ce sont les premières grosses pierres qui interceptent le lit du Rio-Lesseps. Apatou saute dans sa pirogue, porte l'amarre sur un arbre, et nous nous arrêtons juste au moment de nous jeter sur l'obstacle. Il faut décharger les bagages et les porter à une distance de 200 mètres, près de l'endroit où nous ramenons le radeau après l'avoir fait passer, en le maintenant avec des cordes. Cette opération fatigante ne dure pas moins de trois heures.

Les roches qui constituent l'obstacle sont des grès arrondis par l'eau, tombés de la berge qui est très-haute d'un côté. Ces grès ne forment que la base de la rive ; ils sont surmontés d'une couche de plus de 10 mètres d'argile, remarquable par ses mouchetures rouge de sang.

Notre radeau est encore disloqué, et, ce qui m'effraie bien plus, Apatou a la fièvre, François est à bout de forces, Le Janne a les pieds et les mains tellement gonflés par les piqûres des moustiques, qu'il peut à peine en faire usage. Pendant la nuit, que nous passons sous une pluie torrentielle, je suis pris d'un accès de colique hépatique : c'est un petit souvenir de mes précédents voyages. Nous n'avons de consolations à nos misères qu'en songeant que nous arriverons bientôt à des régions plus agréables.

Apatou va, dans la forêt, chercher des lianes pour amarrer le radeau ; François le seconde très-efficacement dans cette opération, car, ayant servi comme gabier de première classe dans la marine française, il s'entend mieux que personne à faire des liens solides. Pendant ce temps, je fais un tour d'horizon à la boussole relevant avec soin les principaux sommets des Andes, dont nous sommes encore peu éloignés ; je prends également la hauteur du soleil avec le théodolite, et Le Janne fait des observations avec le baromètre, l'hypsomètre et le thermomètre. Ces opérations sont très-pénibles, non-seulement à cause des rayons solaires, contre lesquels nous n'avons pas une feuille pour nous abriter, mais surtout à cause de petits moucherons qui nous harcèlent sans répit, depuis six heures du matin jusqu'à six heures du soir.

Notre campement est situé immédiatement en amont d'un rapide qui paraît assez difficile à franchir ; nous nous embarquons à midi, et nos craintes se réalisent bientôt.

Le radeau, lancé avec une extrême violence contre un tronc d'arbre, écrase le canot qui se trouvait sur le côté. C'est une grande perte que nous venons de faire, car, ne pouvant plus éclairer la route ni porter des amarres pour nous arrêter, nous sommes entièrement livrés aux caprices de l'eau, qui peut nous briser dans un abîme.

Nous songeons bien à la construction d'un nouveau canot, mais il n'y a pas d'arbres convenables dans le voisinage, et Apatou, malade, à bout de forces, mettrait plus de huit jours pour exécuter ce travail.

Pendant ce temps, nous épuiserions une grande partie de nos provisions et serions exposés à mourir de faim. D'ailleurs, nous sommes tous pressés de voir des hommes, seraient-ils même inhospitaliers et anthropophages, comme dans le Yapura.

Vers une heure, la rivière devient un peu plus calme ; nous avons, pour la première fois, le loisir d'allumer une cigarette. Le cours étant plus rectiligne, nous n'avons pas à redouter le danger de nous heurter, à chaque instant, contre les branches de bambous qui surplombent la rivière.

Nous nous endormons bien tranquilles, dans l'espérance qu'à partir de ce moment la navigation va être libre. Apatou est moins rassuré que moi ; son oreille exercée a perçu un bruit de roulement dans le calme de la nuit. Il y a encore, en aval, de l'eau qui court rapidement sur des cailloux. A peine partis, voilà le radeau qui se remet à courir et à heurter contre les obstacles ; il frappe avec violence contre un tronc d'arbre à moitié noyé ; Apatou, qui est toujours debout, est projeté en avant, et, encore une fois, le radeau passe au-dessus de lui. Il s'empresse de regagner son poste et continue à veiller avec sa pagaye, pour éviter les dangers autant qu'il est possible ; j'étais derrière lui, appuyé contre des caisses, mon cahier sur mes genoux, ma boussole devant le nez, ayant beaucoup de peine à relever la rivière à cause de la vitesse de la marche. Tout à coup, j'aperçois un gros bambou presque à fleur d'eau ; je croyais qu'Apatou allait le redresser pour passer au-dessous ; mais il n'en a pas le temps et saute par-dessus ; je ne puis pas faire comme lui, et cette tige énorme et très-dure me presse brusquement contre les caisses ; je me sens déchirer le ventre, les seins, le menton, le nez ; mon cahier m'est arraché des mains ; je suis tout contusionné, comme si je venais de passer à travers un laminoir. Je crois que j'aurais perdu connaissance si je n'avais eu un saignement de nez qui a ranimé mes sens.

Le bambou, en se relevant, n'a pas fait de mal à Le Janne qui s'est abrité derrière les caisses, mais il a jeté François à l'eau.

Un peu plus loin, nous voyons sur la rive, à quelques mètres de nous, des cabiais (espèce de gros rongeur aquatique) qui ne manifestent pas la moindre surprise en nous voyant passer. Il y a quelque temps que nous n'avons mangé de viande, faute de pouvoir nous arrêter à temps voulu ; Le Janne s'empresse de tuer un de ces animaux. Nous arrêtons un moment le radeau pour permettre à François d'aller le chercher. A peine Apatou a-t-il attaché la corde, que le courant, qui est d'une violence extrême, fait enfoncer le radeau et menace de déchirer les lianes sur lesquelles est fixée l'amarre. Je ne voudrais pas partir sans donner le temps à François de nous rejoindre ; mais Apatou ne voyant pas Le Janne, croit un moment qu'il est tombé à l'eau ; il démarre le radeau et saute à bord. Nous voilà partis avec une vitesse d'environ quatre milles, laissant François au milieu d'une forêt inextricable, sans armes, sans même un couteau pour se frayer un passage. Après un quart d'heure, le courant diminue un peu et Apatou, sautant à l'eau, porte un amarre à terre, et nous débarquons sur une plage de cailloux. Une heure se passe sans que François donne signe de vie. Enfin nous le voyons en amont sondant et cherchant à traverser la rivière. « Malheureux ! lui crie Apatou, ne passe pas là ; le courant est si fort, qu'il va te noyer. » Nous l'engageons à descendre plus bas pour chercher un gué et nous prendre au passage ; nous l'attendions sous un arbre, quand le chien vint en tremblant et donnant de la voix. Le Janne lui donne une tape sur le nez, pour le faire taire. Nous eûmes bientôt l'explication de sa frayeur. Je prenais la hauteur du soleil, lorsqu'en jetant les yeux sur mon chronomètre j'aperçois une panthère qui nous regarde avec l'insouciance d'un chat apprivoisé. J'en préviens Le Janne à voix basse, et nous nous approchons de ce gros félin. Le Janne marche en tête avec une seule cartouche de gros plomb ; Apatou le suit avec son sabre d'abatis, et moi, n'ayant rien de mieux, je m'arme d'un gros caillou que je ramasse sur la grève. Nous arrivons à six pas ; Le Janne fait feu et l'animal, s'affaissant, pousse un soupir. Nous lui enlevons les griffes et l'on examine son pelage et sa dentition. Nous reconnaissons l'animal que les Roucouyennes appellent *maracaï*. C'est de là, sans doute, que vient le nom de la presqu'île de Maracaybo, dans la mer des Caraïbes.

Nous sommes fort inquiets du sort de François. Apatou nous conseille de continuer avec le radeau, tâchant d'atteindre l'autre berge. Au premier tournant de la rivière, nous apercevons notre compagnon essayant de traverser, avec de l'eau jusqu'au cou. En passant près de lui, Apatou lui jette une corde portant une pierre ; la pierre s'en va, la corde reste. Je saisis une perche que j'ai sous la main et je la tends à François qui s'y cramponne de toutes ses forces et le voilà revenu à bord. Une heure après, nous arrivons à l'embouchure d'un grand affluent de droite qui débouche à angle droit, et qui mesure environ le tiers du cours principal. Ce doit être la rivière Unilla, dont les quineros ont vu les sources sortir des Andes, à peu près à la hauteur de Neiva.

Son eau est vert foncé, tandis que celle du Guayabero a une teinte blanchâtre produite par l'argile des rives. C'est exactement la teinte des eaux de l'Amazone.

Le 2 novembre, nous voyons la rivière s'engager à travers une montagne ; nous voulons nous arrêter, mais déjà il est trop tard ; le courant nous entraîne dans un entonnoir, où il faut s'engager malgré nos efforts désespérés. La rivière, qui avait des centaines de mètres de largeur, entre dans ce défilé, une « angostura », comme l'appellent les Espagnols, qui n'a pas plus de 20 mètres de largeur.

L'eau tourbillonne, puis court avec force au milieu de grès taillés à pic qu'Apatou compare aux grandes maisons en pierres de taille des belles rues de Paris.

Le radeau, après avoir tourné trois fois sur lui-même, se met à partir comme une flèche. « Ne vois-tu rien ? » me dit Apatou, qui s'était mis à l'arrière pour essayer de gouverner. Je ne vois aucun écueil jusqu'à une distance de 300 mètres.

« Comme ces murailles sont belles, dis-je à Le Janne, et comme sont jolies ces cascades qui tombent à pic en nous éclaboussant!»—«Attention! crie Apatou, pagayez fort.» Je vois un danger immense, le plus grand que j'aie couru dans ma vie ; dans une seconde nous serons tous écrasés et jetés à l'eau par une roche en forme de table qui s'avance comme une corniche sur la rive droite. Déjà, l'avant s'engage sous l'abîme ; je vais être renversé, quand Apatou arrive avec son tacari (c'est-à-dire avec une grosse perche que les Bonis ont la réputation de manier avec dextérité) ; il en donne un vigoureux coup contre la roche et fait éviter le radeau qui passe à la raser.

Le Janne me fait une question : « Comment sera la sortie ? » Je ne réponds pas, je crains bien un précipice, comme à la fin du deuxième défilé du Yapura.

Bientôt, nous apercevons la porte ; nous n'y trouvons aucun obstacle, mais au point où la rivière s'élargit, on voit des rochers qui forment rapide. « Pagayez fort, dit Apatou, pour tenir le radeau bien droit. » Au même instant, nous sommes soulevés par une vague qui nous lave les pieds ; nous descendons, nous remontons deux ou trois fois sur l'eau furieuse qui nous fait danser comme un bouchon. Un moment, le radeau s'arrête et s'incline ; c'est qu'il vient de s'échouer sur une roche. Apatou donne un vigoureux coup de tacari : nous voilà repartis et, une minute après, nous retrouvons des eaux calmes. Nous descendons à terre pour déjeuner et nous réjouir à l'aise de la chance qui nous a fait franchir ce mauvais pas malgré nous.

Notre bonheur n'est pas de longue durée ; j'aperçois, là-bas, en aval, une deuxième chaîne de montagnes qui paraît plus élevée que celle que nous venons de franchir. Apatou et moi, nous faisons le raisonnement suivant : le premier défilé du Yapura n'était qu'un rapide, et le deuxième se terminait par une chute immense ; n'en serait-il pas de même dans cet affreux Rio-Lesseps ?

Dans tous les cas, nous n'avons pas à songer à rétrograder ; nous sommes obligés d'aller en avant et au plus vite, car nos provisions diminuent rapidement.

Le 4 novembre, nous voyons un caïman sur la plage ; Apatou l'appelle avec un petit cri du gosier ; l'animal nage droit sur nous, et arrivé à 15 mètres, disparaît sous l'eau. Apatou, qui était à mon côté, se prépare à donner un bon coup de pagaye sur le nez de l'imbécile, qui se laisse prendre à ses feintes, mais voilà que le caïman ne reparaît pas.

Nous le cherchons de mon côté, lorsqu'il se montre subitement avec sa grande gueule ouverte devant le nez de Le Janne ; il lui effleure le visage en laissant retomber ses énormes mâchoires qui claquent en faisant le bruit d'une malle qui se ferme.

Je recommande à Apatou de ne plus appeler ces caïmans qui paraissent plus audacieux que ceux que nous avions vus dans nos précédents voyages.

Le surlendemain, nous voguions tranquillement ; je relevais mon tracé à la boussole, Le Janne écrivait ses impressions, François pêchait à la ligne, tandis qu'Apatou se livrait à des travaux d'aiguille sur nos moustiquaires. Le silence profond de la forêt vierge est interrompu par des cris. Je regarde derrière moi ; c'est Apatou qui a disparu ; l'eau bouillonne, je vois du sang ; notre fidèle compagnon est perdu. Bientôt une main apparaît ; je la saisis, Apatou s'enlève ; le voilà revenu au milieu de nous. Le caïman, qui n'a lâché prise qu'à fleur d'eau, trouve un dédommagement en avalant une casquette, tandis qu'une balle de Le Janne ricoche sur sa tête comme sur un rocher. La cause réelle de ce sauvetage qui paraît miraculeux, c'est qu'Apatou, entraîné par l'animal, qui cherchait à le noyer, a pu saisir une liane déchirée qui pendait au-dessous du radeau. Notre blessé en est quitte pour la perte d'un large morceau de peau de la région externe du genou ; il a eu la chance d'être saisi par la partie la moins charnue de tout le membre inférieur.

Le 9 novembre, nous arrivons à la porte d'un défilé, où nous sommes entraînés par le courant. Nos craintes ne se justifient pas ; le danger est moins grand que dans la première angostura. Au milieu des grès abrupts qui présentent un aspect fantastique, nous remarquons quelques roches qu'on dirait sculptées par la main de l'homme ; elles nous rappellent ces innombrables statues qui ornent le portail de nos cathédrales gothiques. Ce sont des érosions produites par l'eau.

Cet écueil franchi, je donne une demi-journée de repos à mes compagnons. Apatou souffre de sa plaie, qu'il a fait saigner en faisant des efforts pour diriger l'embarcation à travers l'angostura ; Le Janne est fatigué depuis quelque temps ; il souffre non-seulement du soleil que nous supportons toute la journée, sans autre abri que nos chapeaux, mais encore du manque d'alimentation. Ne pouvant jamais nous arrêter au moment voulu, nous manquons de viande dans le pays le plus giboyeux du monde. Il est des journées où nous n'avons rien à manger que du riz bouilli dans l'eau.

Nous passons devant l'embouchure de l'Aré-Aré, qui prend sa source dans les grandes prairies de San–Juan, à l'est de Bogota.

Cette rivière, que l'on considérait comme la véritable continuation du Guaviare, ne mesure que le tiers du cours principal. Cet affluent est cependant très-intéressant, parce qu'il n'a pas de rapides ; il peut servir pour le transport des produits du versant oriental de la Cordillière, tandis que le Guayavero ou Rio-Lesseps est absolument impraticable. Personne ne l'a descendu avant nous, et je pense qu'il n'y aura jamais de gens assez insensés pour marcher sur nos traces.

Quel bonheur d'en être sortis sains et saufs, puisque, si nous étions arrivés un mois plus tôt, c'est-à-dire pendant la saison des pluies, les eaux trop grandes nous auraient brisés contre les rochers ! Un mois plus tard, pendant la sécheresse, nous n'aurions pas trouvé assez d'eau pour naviguer. L'Aré-Aré est à une distance d'environ 150 lieues du point où nous nous sommes embarqués, et nous avons mis dix-sept jours pour effectuer ce trajet.

Jusqu'ici, nous n'avons pas trouvé la moindre trace d'un être humain ; nous sommes près de mourir de faim, si bientôt nous ne rencontrons pas d'habitants.

A un tournant de la rivière, nous apercevons tout à coup une savane, et nous croyons voir des huttes recouvertes de paille. Bientôt, François nous signale des enfants peints en rouge, qui sont sur des troncs d'arbres accroupis comme des singes. Nous tirons des coups de fusil et Apatou arbore sa chemise blanche au bout d'une perche ; nous brûlons d'impatience d'atterrir, mais le radeau ne marche que très-lentement.

Enfin, nous descendons à terre. Les habitants, qui appartiennent à la tribu des Mitonas, ressemblent à tous ceux que nous avons rencontrés dans nos voyages.

Le deuxième jour, j'achète une pirogue et enrôle des hommes pour nous escorter. Vers neuf heures du soir, Apatou nous réveille en disant que les Indiens se sont sauvés. Que va-t-il arriver ? Nous craignons une attaque ou l'enlèvement de notre radeau. Nous prenons nos fusils et nous nous dirigeons vers le port qui est séparé de la savane par un petit bosquet. Il est bien imprudent de s'engager dans la brousse, au milieu d'une obscurité profonde ; on pourrait nous décocher des flèches à bout portant, mais une blessure serait moins grave que la perte de notre radeau.

Nous arrivons à quatre pas de la rivière, lorsque je vois surgir un animal fantastique qui s'arrête un instant. Je crie à Le Janne : « Attention! » Je croyais qu'il s'agissait d'un tigre : mais ce n'est qu'un grand chien maigre que les Indiens ont laissé dans leur précipitation. Les pirogues sont toutes parties, mais le radeau et les bagages n'ont pas été touchés.

Tous les Indiens semblent avoir pris pour tactique de faire le vide autour de nous. Les canots que nous rencontrons se sauvent dans les petits affluents où nous ne pouvons les poursuivre. Trois fois, je fais des excursions avec Le Janne pour trouver des habitants, mais nous sommes fort mal accueillis ; ils acceptent nos cadeaux, mais ne veulent pas donner de vivres. Enfin, nous arrivons à nous procurer une toute petite pirogue et quelques régimes de bananes qui nous empêchent de mourir de faim pendant quelques jours.

Bientôt nous ne trouvons plus d'habitants ; notre voyage devient des plus ennuyeux ; en effet, quoi de plus triste que naviguer douze heures par jour dans une rivière qui présente toujours le même aspect !

D'un côté, sur la rive concave, une berge argileuse taillée à pic sur une hauteur de 7 à 8 mètres, et de l'autre, sur la rive convexe, un grand banc de sable dont la partie haute est recouverte de bois-canons (*Clybadium*). Au pied de ces arbres, on trouve toujours une quinzaine de caïmans, qui semblent protéger des canards contre les attaques de l'homme.

Je me distrais un peu en allant tuer quelques-uns de ces oiseaux, avec notre pirogue, qui est si petite qu'elle peut à peine me porter avec Apatou. Le gibier est aussitôt plumé et mis au feu; lorsqu'il est cuit, nous rejoignons le radeau, qui marche très-lentement, et nous sommes bien reçus par nos compagnons qui nous attendent avec l'anxiété de la faim.

Le 27 et le 28, nous traversons deux petits défilés appelés Mapiripau. Ils sont très-faciles à passer en ce moment, mais ils doivent présenter quelques dangers pendant les grandes crues. En tous cas, les bateaux à vapeur pourraient les franchir en toute saison.

Ce défilé est une limite naturelle entre le Venezuela et la Colombie, qui se disputent la possession du Guaviare. En effet, tous les Indiens qui se trouvent en amont de l'angostura, vont chercher leurs petits couteaux et les verroteries à San-Juan, tandis que ceux qui sont en aval ne connaissent que les habitants de San-Fernando.

Les matières féculentes arrivent à nous manquer complétement, nous en sommes réduits à manger des bourgeons de palmier en guise de pain, lorsque enfin nous rencontrons des Indiens appelés Piapocos, qui nous font le meilleur accueil ; nous trouvons chez eux de la cassave, des bananes, du tabac dont nous sommes privés depuis dix jours, et une liqueur fermentée appelée *cachiri*. Pendant deux jours, nous buvons et mangeons tellement que nous avons tous la colique.

Nous achetons un canot et abandonnons notre radeau, dont le bois imbibé enfonce au ras de l'eau. Le 13 septembre, nous apercevons enfin le petit village de San-Fernando. Nous avons mis cinquante-un jours pour descendre cette rivière qui ne mesure pas plus de 425 lieues.

San-Fernando était jadis le centre des missions des jésuites qui ont accueilli de Humboldt, lors de son voyage dans le haut Orénoque.

Aujourd'hui, le village est en pleine décadence ; il ne reste de son ancienne splendeur que sa position géographique qui est des plus remarquables. Il se trouve au confluent de l'Orénoque, du Guaviare, de l'Atahuapo et de l'Yniréda. Ces deux dernières rivières sont remarquables par la couleur de leurs eaux qui, par réflexion, sont noires comme de l'encre.

Je ne regrette pas les quinze jours que nous avons passés dans ce village, en attendant un équipage, car nous avons eu l'occasion d'y rencontrer un grand nombre d'Indiens, appartenant à des tribus différentes. Le Janne les a tous dessinés et, pour ma part, j'ai recueilli un grand nombre de mots et des phrases de leur langue. Avec quelques menus objets donnés aux femmes et un peu d'alcool aux hommes, nous avons été considérés comme de grands seigneurs.

Le jour de Noël, un grand nombre d'Indiens dansaient devant notre case et répétaient comme refrain : *Vivat los Retratistos!* c'est-à-dire : Vivent les faiseurs de portraits !

Le 26 décembre, nous nous mettons en route pour descendre l'Orénoque. Notre équipage est renforcé de trois Indiens Banivas, de l'Atahuapo, qui doivent nous suivre jusqu'à la ville de Bolivar.

Un négociant, qui trafique depuis longtemps dans le pays, don Mirabal, veut bien nous accompagner à une cinquantaine de lieues, pour nous mettre en relation avec les indigènes.

Grâce à lui, je puis indiquer, dans mon tracé, des détails qui ont échappé à nos prédécesseurs qui ont voyagé en courant.

Nous tenons d'un trafiquant qu'il existe des sépultures d'Indiens Piaroas, près de la bouche du Mataveni. Ayant remonté cette rivière à quelques centaines de mètres, nous trouvons quelques-uns de ces Indiens campés sur une roche. Le Janne reproduit quelques types qui sont remarquables par les dessins rouges qui les recouvrent des pieds à la tête, et je m'en vais faire une reconnaissance jusqu'à leur habitation.

Je trouve ces Indiens occupés à faire rôtir un serpent boa qu'ils s'apprêtent à dévorer. Je suis d'abord bien accueilli ; mais, m'étant mis à éternuer, je vis le cercle qui m'entourait s'éclaircir subitement. Les gens timorés s'écartèrent au loin et les plus braves se bouchèrent le nez avec le pouce et l'index. J'ai su, depuis, que ces Indiens, qui sont décimés par des maladies de poitrine, accusent les blancs de leur en donner les germes. On cite des trafiquants qui ont été abandonnés par leur équipage pour avoir eu le malheur de tousser ou d'éternuer.

Je ne veux pas passer la nuit au milieu de ces gens qui ne m'inspirent qu'une médiocre confiance ; je rentre au campement avec mon équipage et un Indien Piaroa, qui nous suit par curiosité. En route, ce sauvage, qui ne sait pas un mot d'espagnol, me fait un signe que nous avons tous vu faire par nos sourds-muets, pour indiquer la mort ou le sommeil ; inclinant la tête du côté droit, il l'appuie sur la main posée à plat, et, de l'index gauche, me montre des roches dans la montagne. J'ai compris que cette belle colline, qui est en face de nous, est leur cimetière.

Le lendemain, au lever du soleil, nous partons, avec Apatou, sous prétexte de chasser le tapir dans la montagne. Nous marchons des heures entières sans rien trouver ; nos pieds nus s'écorchent en gravissant une grande roche granitique qui a plus de 50 mètres de hauteur.

Au sommet, nous voyons enfin une sorte de pierre branlante qui semble vouloir rouler sur nos têtes. Apatou, qui a le flair, me dit : « C'est là-haut que nous devons trouver les morts. » Quelques minutes après, nous voyons sous la roche trois paquets d'écorce amarrés comme des carottes de tabac. Nous coupons les liens et nous nous trouvons en face de belles momies avec des colliers, des ornements et un hamac. A côté de chacune se trouve une poterie qui, je l'ai su plus tard, contenait du *cachiri*, pour empêcher le défunt de mourir de soif dans son voyage pour l'autre monde.

Nous rentrons à bord avec notre collection enveloppée dans une hotte confectionnée avec des feuilles de palmier, par le fidèle Apatou.

Plus de vingt Indiens sont arrivés à la plage, pendant notre absence, et voilà que, sans doute éclairés par un espion, ils connaissent la nature de notre chargement. Je recommande à Apatou de mettre la hotte dans le canot pour empêcher d'y toucher. Il n'a y pas de temps à perdre ; décampons au plus vite.

Apatou préfère l'Orénoque à tous les grands fleuves de l'Amérique équatoriale ; c'est qu'il est parsemé de roches granitiques qui forment des rapides et des chutes absolument semblables à ceux qu'on trouve dans la Guyane, son pays natal.

Je suis bien de son avis : il n'y a de belles rivières que celles qui ont des pierres. C'est que les roches, qui entravent leur lit, ne sont que les carcasses de montagnes qui bordent les rives, et un paysage, sans accidents de terrain, si luxuriante que soit la végétation, ne tarde pas à fatiguer le voyageur.

Le 29 décembre, nous arrivons au grand saut de Maïpouré, où nous restons quatre jours pour lever le plan de la rivière et faire une excursion dans un village d'Indiens Guahibos, qui se trouve à deux lieues de la rive gauche.

Nous traversons une savanc absolument sans ombrage et, arrivés près d'un petit ruisseau, nous remarquons sur les roches un grand nombre de dépressions ovalaires. Ce sont des polissoires où les anciens Indiens aiguisaient leurs haches en pierres.

Bientôt nous arrivons dans un bosquet, où nous trouvons un homme rouge occupé à se bourrer le nez d'une poudre noire qu'il aspire au moyen de deux os d'oiseau qu'il place dans ses narines. Cet affreux priseur a une façon étrange de se moucher : il se bouche une narine et souffle avec l'autre en faisant du bruit comme un cachalot.

Nous trouvons les gens du village très-occupés ; c'est

un jour de peinture générale. Ils s'appliquent sur le corps des cachets ou rouleaux imbibés d'une couleur rouge ; ils obtiennent ainsi des sortes d'arabesques qui ne manquent pas d'élégance.

Le lendemain, nous trouvons, en bas du saut, des Indiens Piaroas qui me montrent la plante qui sert à la fabrication du curare. La découverte de ce mystère ne m'a coûté qu'un collier rouge qui a séduit une jeune Indienne. Je lui dis : « Montre-moi la liane qui sert à faire ton curare, je te donnerai mon beau collier. » Elle me précède dans le bois et bientôt me montre une liane, en disant : « Voilà le vrai curare des Piaroas. »

La feuille et la tige de cette plante m'ont fait reconnaître le *Strychnos toxifera*, que le voyageur Schomburg avait déjà vu employer pour le même usage par les Indiens de la Guyane anglaise.

Nous avons maintenant entre les mains de nombreux échantillons des trois strychnos principaux qui servent à la fabrication des trois curares connus dans l'Amérique du Sud. La question du curare est dès lors vidée, au point de vue botanique et géographique ; il ne reste qu'une lacune, c'est l'extraction des principes actifs qui ne manqueront pas de trouver des applications médicales.

Nous avons l'occasion de voir un grand nombre de tribus d'Indiens qui sont venus sur la rivière pour ramasser des œufs d'iguanes et de tortues. Nous campons avec eux sur les plages, où nous passons la soirée à les regarder danser.

La descente de l'Orénoque, à partir de Maïpouré, est difficile pendant la belle saison. Nous avons, pendant une grande partie de la journée, une forte brise qui fait des vagues et nous empêche d'avancer. Une pirogue, qui nous accompagnait, chavire à côté de nous ; tous les bagages sont perdus, et les hommes sont bien heureux de regagner la rive sans se faire saisir par un caïman.

En causant avec eux, je remarque que les Caraïbes qu'on trouve dans le milieu de l'Orénoque parlent une langue presque complétement semblable à celles des Roucouyennes qui vivent dans le fond de la Guyane.

Enfin, nous ne sommes plus loin de Ciudad-Bolivar, où nous laissons nos pirogues pour continuer en vapeur.

Déjà nous trouvons quelques bouteilles de vins français chez un petit négociant du village de Mapiré ; c'est l'occasion de festoyer un peu pour oublier nos misères. Nous invitons François et Apatou à un grand gala où l'on sert à profusion des bananes frites et de la tortue à toutes les sauces.

Le lendemain matin, j'étais occupé à apprendre le caraïbe, lorsqu'un Indien vint me prévenir que François venait d'être piqué par une raie.

Bien qu'Apatou ait sucé les plaies et que Le Janne les ait cautérisées avec de l'acide phénique, le malheureux éprouve une douleur atroce que je n'arrive à calmer qu'après avoir débridé et arrosé son pied avec du jus de tabac. Un quart d'heure après l'accident, les tissus voisins de la piqûre sont déjà insensibles ; le lendemain, c'est le pied tout entier qui est pris ; le troisième jour, les deux membres inférieurs sont complétement mortifiés. Prévoyant une fin prochaine, nous voulons atteindre le petit village de Muitaco qui n'est pas éloigné.

En traversant la rivière, nous sommes pris par un grain qui nous met en perdition. Je rame de toutes mes forces pour seconder les canotiers, tandis que Le Janne vide l'eau. Au milieu du danger, jetant un coup d'œil sur le malade, je m'aperçois que son regard est fixe. Burban est mort en véritable marin, au milieu de la tempête. Il n'est pas moins glorieux de succomber sur une pirogue que sur un vaisseau de haut bord. Nous le transportons à terre dans son hamac, et l'ensevelissons dans une fosse que nous creusons nous-mêmes.

Notre brave compagnon a partagé toutes nos misères et il n'aura pas les joies du retour ; il est mort pour l'avancement de la géographie. La science lui doit une couronne et l'État une pension à sa veuve.

Enfin, nous laissons la barbarie pour rentrer dans la civilisation.

Nous atteignons la petite ville de Bolivar, qui compte 6,000 à 7,000 habitants. Des compatriotes qui me voient pieds nus, sans paletot, écrivant sur une caisse : « M. le Ministre de l'Instruction publique », ne peuvent s'empêcher de sourire de mon si piteux état. Ces braves gens se mettent bientôt à notre disposition et nous offrent du crédit.

Les habitants de la ville nous regardent comme des brigands ; mais ensuite, me voyant sortir tout habillé de neuf, ils nous saluent avec respect.

On va de Bolivar à la Trinité en moins de deux jours. En traversant le delta de l'Orénoque, nous voyons, à notre grande surprise, des Indiens qui sont aussi primitifs que ceux qui vivent dans les régions les plus reculées. N'est-ce pas un crime, puisque je me porte bien, de rentrer en France sans étudier ces sauvages qui manquent à ma collection ?

Pendant que Le Janne, très-fatigué, part pour l'Europe, je m'embarque sur un vapeur qui doit me déposer dans le delta. J'ai enrôlé un photographe de la ville de Port-d'Espagne et emporté du plâtre pour faire des moulages ; mais voici que nous avons un gros temps au large. Le vapeur, qui est tout pourri et construit pour la navigation des rivières, fait de l'eau à couler bas ; nous restons en perdition toute la nuit et regagnons le port.

Mes aides ne veulent plus se risquer sur ce navire et je suis obligé de fréter une goëlette commandée par un vieux capitaine italien.

Un séjour de deux semaines chez les Indiens Guaraounos nous permet de prendre des paysages, des portraits d'Indiens et de faire une riche collection anthropologique. Parmi ces vues, on peut remarquer des boîtes entourées de feuilles de palmiers et supportées par des piquets : ce sont des cerceuils dont j'ai pu dérober un exemplaire.

J'ai eu l'occasion d'assister à deux enterrements ; le cadavre est mis dans un tronc d'arbre creusé, avec son hamac de voyage et ses ornements. On ferme avec des lattes juxtaposées, dont les interstices sont obturées par une épaisse couche d'argile.

Ces Indiens n'ensevelissent pas en terre, parce que le sol est si bas qu'on trouve de l'eau à 1 mètre de profondeur.

Dans les grandes eaux, les Guaraounos sont obligés de faire des maisons dans les arbres, où ils vivent comme des singes. Ce climat marécageux ne tarde pas à nous influencer ; je tombe gravement malade, ainsi que le capitaine, qui ne tarde pas à succomber.

J'ai le regret de manquer le premier paquebot ; mais enfin, le 3 mars, la fièvre a complétement disparu et je m'embarque pour Saint-Nazaire.

Pour la deuxième fois, j'ai eu le bonheur extrême de n'être malade que lorsque ma mission était complétement remplie.

La partie géographique de ce troisième voyage se résume dans un tracé détaillé de 850 lieues de rivière dont 425 en pays nouveau.

Au point de vue anthropologique, nous avons rapporté 52 crânes, des squelettes recueillis en sept points différents et 300 reproductions des indigènes par le dessin et la photographie.

J'attribue le succès de mes entreprises à trois causes : une bonne santé, un peu d'audace et beaucoup de chance.

Les chants d'Apatou.

Nos lecteurs se rappellent que, lors de la conférence faite
par le Dr Crevaux, en novembre 1879, nous avons pu ajou-
ter, comme complément naturel de son récit, des chants
d'Apatou recueillis et notés par M. Thomas, le composi-
teur de musique nancéen bien connu. Avant son départ
de Nancy, le Dr Crevaux voulut bien de nouveau demander
le concours de M. Thomas pour recueillir encore tout ce
qu'il était possible de la musique indienne qu'Apatou était
seul en état de communiquer. Comme le sauvage ne note
pas, qu'il n'a pas la moindre idée de solfége, on comprend
à la fois les variations que subit un même chant et la difficulté qui résulte pour le véritable musicien de préciser
et de saisir les nuances exactes de ces rhythmes ou plutôt
de ces mélopées qui sont le caractère propre des chants
indiens, soient-ils Bonis, Roucouyennes ou autres.

Apatou est Boni, il nous sera donc permis de donner la
première place au chant de sa tribu. Celui que nous don-
nons n'est pas, si l'on veut, un chant de guerre, mais il
est fait à la fois de moquerie et de menace à l'adresse
d'une tribu voisine des Bonis avec laquelle ils ne sont pas
précisément camarades :

Ceux qui suivent sont Roucouyennes.

Celui-ci est un chant d'oiseau qui se siffle ; il est inti-tulé : *l'Oiseau mystérieux*. Nul ne l'a jamais vu, cet oiseau ; il inspire d'ailleurs une telle terreur aux sauvages qu'ils s'enfuient à toutes jambes aussitôt qu'ils en entendent le chant.

L'Oiseau mystérieux.

Cet autre est encore un fragment d'harmonie imitative, seulement c'est un rhythme et non plus un chant :

Le Parakoua.

Ceux de nos membres qui ont la première année de notre *Bulletin* (1879) se rappellent le chant d'Apatou dont M. Thomas alors n'avait pu obtenir que le refrain. Cette fois nous pouvons le donner intégralement :

Ils se rappellent également les paroles de la veuve qui refuse l'hospitalité au voyageur parce qu'elle a perdu son époux. Voici le chant de cette femme qui accompagne chacun de ses sanglots (*hé hé hé*) du nom d'un objet ayant appartenu à son mari. Cette mélopée n'a pu être recueillie que très-insuffisamment, tant l'intonation en est variée et comporte d'insaisissables nuances.

C'est enfin un hymne laudatif en l'honneur du chef
Kalaoui. La louange consiste dans le mot *ômdé*, car le nom
de Kalaoui peut être remplacé à volonté par le nom de
tel autre héros, de telle personne affectionnée, voire même
de tel animal que l'on admire.

Nos lecteurs nous sauront gré de leur donner à la fois
une primeur et un document qui n'est pas sans valeur et
sans originalité. C'est là le seul souvenir qu'il nous soit
permis de conserver du brave Apatou, reparti aujourd'hui
pour rejoindre les siens. Merci au Dr Crevaux, merci aussi
à M. Thomas.   J. V. B.

NANCY. — IMP. BERGER-LEVRAULT ET Cie.